200 PREGUNTAS PARA TRIUNFAR EN UNA ENTREVISTA DE TRABAJO

De utilidad tanto para candidatos/as como para entrevistadores/as.

Miguel Ángel Aguirre Sánchez
Psicólogo

I0493284

Introducción

Por muchos estudios que tenga y amplia que sea su experiencia, si no supera la entrevista de trabajo, de poco le servirán. La entrevista es un examen que debe aprobar si desea conseguir el trabajo. Pocas personas preparan adecuadamente las entrevistas a las que acuden y eso es algo que el/la entrevistador/a percibe rápidamente.

Durante unos 25 años he formado a cientos de alumnos en cursos de formación ocupacional en técnicas de selección de personal. De ellos he aprendido mucho. Principalmente los errores que suelen cometer más a menudo. Pero también las estrategias que les han servido para conseguir el empleo.

Como director de un centro de formación, también suelo realizar cientos de entrevistas cada año por lo que además lo veo en primera persona. Y por otra parte, los comentarios que me han hecho las empresas durante todos estos años han ayudado a condensar todas esas experiencias en esta breve guía.

La mayoría de las personas que buscan un empleo aspiran a tener una entrevista de trabajo. Muchas de estas personas ni siquiera llegan a disponer de esa oportunidad, bien sea porque no cumplen con el perfil o porque su currículo no estaba bien redactado, elaborado o estructurado.

Pero para las personas que sí consiguen llegar a la entrevista de trabajo, supone una oportunidad que no siempre saben aprovechar. A muchos les gustaría saber los motivos por los que no lograron ese empleo deseado o en qué fallaron en la entrevista. La realidad suele ser más simple. Pocos logran hacer una buena entrevista y muchos son descartados por errores más que evidentes.

Precisamente en esta guía analizaremos cuáles suelen ser los errores más comunes y cómo evitarlos y las preguntas que con mayor frecuencia pueden aparecer.

Además, esta guía también puede ser de utilidad para aquéllas personas que puntualmente son reclutadores ya que contiene un buen listado de preguntas que se pueden hacer en una entrevista profesional.

Para comenzar, comienza. (William Wordsworth. Poeta)

El proceso de selección

Habitualmente un proceso de selección se inicia debido a una necesidad concreta por parte de una empresa que precisa cubrir una determinada vacante.

Supongamos una empresa que necesita una Administrativa/contable. Lo primero que haríamos sería elaborar el **PERFIL**.

El perfil suele hacer referencia a las características que deberá tener la persona que desempeñe un determinado puesto con objeto de desarrollarlo de la mejor manera. Básicamente es la definición del perfil del puesto de trabajo que ocupará.

Según Hay (2006, p. 384), existen tres tipos de perfil:

• Perfil duro: perfil sobre la base de requisitos y méritos académicos.
• Perfil blando: perfil sobre la base de rasgos de personalidad.
• Perfil competencial: perfil sobre la base de competencias.

En el caso del perfil administrativo que estamos buscando tendríamos:

- **Perfil duro:** ESO, Ciclo formativo de grado medio o superior en la rama administrativa. Algún curso adicional de contabilidad.

- **Perfil blando:** Aspectos relacionados con su personalidad o aptitudes (extroversión, amabilidad, ordenada, capacidad de trabajo..).

- **Perfil competencial:** Competencias que necesitaría para desempeñar el puesto (iniciativa, dominio de la contabilidad y habituada a trabajar con ordenador o algún programa específico de contabilidad..)

Actitudes:

Las actitudes se relacionan con la predisposición individual para realizar una determinada tarea y con las capacidades que tiene para poder hacerlo.

Las actitudes se pueden desarrollar y modificar con el tiempo debido a que la persona ha adquirido más formación o experiencia a lo largo de la vida.

Competencias:

La competencia está relacionada con las aptitudes y también con las habilidades del individuo pero principalmente tiene que ver con el saber hacer y con la experiencia demostrada en una determinada cualidad. Si unimos una competencia al conocimiento, esa actitud acaba convirtiéndose en una habilidad. Así, decimos que una persona es hábil en el desarrollo de una tarea o es competente cuando puede demostrar que domina un área concreta o una parcela de su profesión.

Algunas competencias específicas podrían ser:

- Orientación al cliente
- Iniciativa
- Capacidad de comunicación escrita
- Capacidad de comunicación oral
- Constancia
- Trabajo en equipo
- Orientación a resultados
- Optimización en la utilización de recursos
- Pensamiento analítico
- Calidad en el trabajo
- Agilidad y resolución en las tareas
- Preocupación por el orden, el método y la precisión
- Proactividad
- Liderazgo y desarrollo de los demás
- Sensibilidad hacia el cliente
- Empatía

Algunas definiciones de competencias:

"Características esenciales (motivos, rasgos, autoconcepto, conocimientos y habilidades) de una persona que se relacionan, de forma causal, con un criterio efectivo establecido y/o un desempeño superior en un puesto de trabajo o situación". (Spencer y Spencer, 1993, citado por J. M. de Haro y S. Agut (2004)).

"Conocimientos, aptitudes, habilidades, control y persistencia para hacer frente a las dificultades y barreras y alcanzar el desempeño, disposición para hacer y saber cómo desempeñar distintos roles". (Peiró y Gracia, 2001)

Sin embargo, la destreza sería la habilidad de realizar y ejecutar una determinada tarea física o mental. Por ejemplo, rapidez de lectura y comprensión de un texto, velocidad para mecanografiar un texto,..

En este punto de la guía, convendría que anotara cuáles pueden ser sus principales competencias, destrezas y aptitudes:

- .
- .
- .
- ..
- .
- .
- .
- .
- .

Por regla general, las empresas, para definir el PERFIL de lo que buscan, tendrán en cuenta:

- Formación necesaria
- Experiencia recomendable

- Conocimientos específicos (p.ej: dominio de Microsoft Office, contabilidad, redacción comercial..).
- Idiomas y certificaciones
- Aptitudes y competencias
- Su posición en el organigrama. De quién dependerá o quién dependerá de él/ella.

La selección consistirá en verificar y contrastar si el/la candidata/a cumple con el perfil que previamente se ha definido y si será capaz de incorporarse al organigrama de la empresa, en un entorno concreto, con unos compañeros concretos y unos jefes concretos.

Una vez que la empresa ha diseñado el perfil de lo que busca, se inicia el proceso de selección que puede ser tanto interno como externo.
Será interno si deciden que puedan optar al puesto personas que ya trabajan en la empresa.
El perfil servirá para establecer un punto de comparación y de corte con todos los candidatos que se presenten. Imagine que usted tiene 200 currículos pero solo necesita contratar a una persona. El perfil que determina los requisitos de entrada servirá para comparar el currículo de cada candidato e inicialmente seleccionar a aquéllos que aparentemente cumplen con los requisitos iniciales.

Está claro que un proceso por bien elaborado que esté no es perfecto. En la mayoría de los casos no acudirá a empresas especializadas en selección de personal que de una u otra forma tienen procedimientos definidos y experiencia en selección. Por el contrario, acudirá a entrevistas en empresas que en muchos casos desconocen cómo funciona un proceso de selección e incluso qué preguntas se deben realizar.

En muchas ocasiones, me he encontrado con empresas que precisan cubrir un determinado perfil pero no saben cómo hacer la entrevista ni qué preguntas hacer. Incluso mis alumnos sabían más que ellos sobre cómo funciona el proceso. Eso siempre es una ventaja para usted.

Un esquema general del **proceso de selección**:

- Diseño del perfil profesional y de los requisitos del candidato.
- Fase de reclutamiento
- Preselección
- Pruebas, test
- Entrevistas
- Toma de decisiones
- Comunicación a los candidatos
- Incorporación a la empresa y plan de acogida

La fase de reclutamiento será en la que nos encarguemos de recopilar los currículos de los candidatos bien sea mediante anuncios en prensa, empresas de selección, bases de datos internas, etc..

Reclutamiento y selección son dos conceptos diferentes pero con una cierta relación entre ellos. Según Peiró (1992), el reclutamiento es:

"El proceso mediante el cual una organización trata de detectar empleados potenciales que cumplan los requisitos adecuados para realizar un determinado trabajo y atraerlos en número suficiente, para que sea posible una posterior selección de algunos de ellos, en función de las exigencias del trabajo y de las características de los/as candidatos/as."

- Cuide la apariencia y el aspecto de su currículo (sobre, tipo de papel,..)
- Incluya además una carta de presentación
- Asegúrese que toda la información esté actualizada y que incluya una fotografía (en color) si así lo han pedido.
- No se olvide de las fechas tanto de las empresas donde trabajó como de la formación recibida.

Si tiene que enviar una foto con el cv asegúrese de que es una foto que transmite alegría. No utilice la típica foto del DNI. Ahora todo el mundo tiene una cámara de fotos o un teléfono que puede hacer fotos de cierta calidad. Sonría. Que no parezca que es la foto de un secuestrado al que han obligado a enviar su currículo.

Si puede, incluya referencias en su CV. Suelen ofrecer una buena imagen y dan cierta confianza respecto al candidato.

Con toda esta documentación, procederemos a un análisis detallado para verificar qué candidatos cumplen, según lo que indican en su currículum, con los requisitos iniciales. De esta manera podremos realizar una preselección de candidatos que pasarán a la siguiente fase.

Es evidente que si tenemos 200 currículums no podemos hacer entrevistas individuales a todos. En primer lugar porque no dispondríamos de tiempo, en segundo lugar por el coste y en tercer lugar porque sería muy difícil para alguien no experto tomar la decisión de qué candidato es el más idóneo.

Otra razón de peso es por respeto a los candidatos. Lo mejor es llamar solo a aquéllos que realmente tienen alguna posibilidad de optar al puesto porque cumplen con los requisitos iniciales.

Por ello, de los 200 currículos, seleccionaremos 20-30 para que realicen las pruebas o test. Aquéllos que superan esta fase serán los candidatos para hacer la entrevista. Aproximadamente entre 5 y 10. Algunas empresas optan solo por 3 finalistas.

Las pruebas pueden ser:

- **Pruebas psicológicas:** Por ejemplo:
  - Test de inteligencia
  - Test de aptitudes
  - Test de personalidad
  - Test proyectivos

- **Pruebas de conocimientos:** Suelen ser pruebas específicas sobre el conocimiento del ámbito de trabajo. Por ejemplo ejercicios de contabilidad, de redacción, de dominio de programas informáticos, etc.

- **Pruebas de interacción** con otros candidatos
  - Dinámicas de grupo
  - Técnicas de simulación

El currículo

Aunque no es el objetivo de esta guía, más centrada en las entrevistas, no podemos olvidar algunas sugerencias sobre el currículo.

Cuando acudimos a una entrevista de trabajo, ya hemos generado ciertas expectativas respecto a nosotros gracias al currículo que hemos enviado. También es posible que ni siquiera lleguemos a mantener una entrevista debido a que nuestro currículo no estaba claro, faltaba información, era impreciso, demasiado largo o contenía faltas de ortografía.

Tenemos que ser conscientes que el primer acercamiento que tenemos con la empresa es mediante el currículum y la carta de presentación. Lo único que conocen de nosotros es por la información que hemos facilitado. Algunas personas envían su CV como si fuera un billete de lotería sin prestar especial atención al diseño o al contenido.

El tono en general debe de ser positivo y optimista, aunque no debemos pecar en ningún momento de prepotentes.

En cuanto a la elaboración del c.v. tendremos en cuenta que se trata de un anuncio publicitario y debe causar una buena impresión, tanto por su redacción como por la presentación. Elija un buen papel y una buena fotografía. Recuerde que se trata de un anuncio, por lo tanto no ponga una fotografía de DNI. Generalmente no solemos salir muy agraciados en ese tipo de foto.

Algunas sugerencias:

- El currículum no se envía solo. Es recomendable enviarlo con una carta de presentación.
- Si piden carta manuscrita envíela. A veces se hace un estudio grafológico de su carta.
- Cuide la estética de la carta, del currículum y del sobre.
- Dedique un tiempo a analizar a conciencia su currículo, verificarlo, corregirlo y pulirlo. Verifique las fechas.
- Utilice correctamente las tabulaciones y márgenes.
- Es conveniente que tenga una estructura bien ordenada para que quien lo lea encuentre la información rápidamente.

- No exagere ni mienta. Puede que consiga engañarles con el currículo pero recuerde que aún tiene que superar la entrevista de trabajo y un periodo de prueba.

Es posible que su experiencia profesional sea muy diversa ya que ha trabajado en empresas o en sectores muy diferentes. Hay personas que optan por eliminar esas experiencias y dejar solo las que más se parecen al puesto ofertado. El problema será que en su CV se verán huecos que luego tendrá que explicar y al final se sabrá todo igualmente. Lo que sugiero es que no elimine ninguna experiencia. Pero sí, amplíe la información de las empresas o puestos más parecidos al ofertado.

La carta de presentación deberá tener la siguiente estructura:

Nombre y apellidos
Dirección completa
Teléfono
e-mail   Datos destinatario

                    Población a x de noviembre de 201_

Apreciados/as

A raíz del anuncio publicado por vds en el Periódico X, con fecha XXX y de referencia XXX, les envío mi currículum vitae.

Como podrán comprobar cumplo con los requisitos de formación y experiencia que indican en su anuncio y estoy muy interesado en participar en el proceso de selección.

Por ello, quedo a su disposición para realizar las pruebas o entrevistas que consideren oportunas.
No duden en contactar conmigo si precisan alguna aclaración al respecto.

Reciban un cordial saludo,

                              Firma, Nombre y apellidos

Anexo: Currículum vitae

Recuerde:

- No pretenda "estirar" su currículum. 2 páginas suele ser suficiente.
- Piense en la persona que lo leerá.
- Sea escueto y preciso.
- Añada fechas, nombres de empresa, titulaciones, acreditaciones.
- Emplee frases cortas.
- Respete la estructura. Cada cosa en su sitio.

Ejemplo de estructura de un currículum:

Currículo Vitae

Datos personales:
Nombre y apellidos:
Dirección completa:
Teléfonos:
e-mail:

> Fotografía

Datos académicos:
Formación reglada:
19xx a 19xx. ESO. Escuela X
19xx a 19xx. Ciclo formativo Grado Medio Administrativo. Escuela X.
Formación no reglada:
20xx a 20xx. Curso de contabilidad. 40 horas de duración. Escuela X
Conocimientos de informática:
Idiomas:

Datos profesionales:
19xx a 19xx. Contable. Empresa X. Funciones realizadas xxxx

Otros datos:
Carnet de conducir, xxx

Obsérvese que en el caso de la formación no reglada indicamos la duración en horas del curso que hemos realizado. ¿Por qué? Muy sencillo. Alguien puede poner que ha realizado un curso de contabilidad, pero si no indica la duración no sabremos si ha sido un curso de 10 horas o de 1000 y como es lógico, la diferencia es considerable.

Algunas sugerencias:

- Podemos utilizar la inversión cronológica en el CV para indicar en primer lugar el último trabajo que hemos realizado o la formación más importante.
- Fechar el CV. Así sabremos cuál ha sido la última actualización.
- Utilice una buena fotografía, si se la piden. Mejor no poner la foto de DNI. Su fotografía tiene que ofrecer una buena imagen de usted. Sonría. No ponga una fotografía de cuerpo entero.
- Adecúe el CV a las expectativas de la empresa.
- Describa las funciones y responsabilidades de cada empresa en la que ha trabajado.
- Si puede, incluya contactos de referencias.
- Nivel de inglés alto, medio o bajo no dice demasiado ya que es muy subjetivo. Mejor indicar un nivel oficial (A1, B2..).

- Destaque sus habilidades profesionales y personales.
- No hace falta poner su número de DNI o número de la Seguridad Social. No lo necesitan para nada.
- No pretenda ser demasiado creativo con tipografías, tamaños de letra y colores. El tipo de letra y tamaño tienen que facilitar su lectura.
- Sea honesto. No pretenda aparentar lo que luego no podrá mantener durante la entrevista.

Preparación previa y personal.

Mucho antes de acudir a su primera entrevista debe prepararse para hacerlo bien. Es como ir a una maratón sin haber entrenado antes. Si usted no se conoce bien, es muy probable que cometa errores. El problema es que a veces no tendrá una segunda oportunidad para corregir su error y habrá perdido un empleo.

Si estudia solo el día antes de un examen tendrá pocas probabilidades de aprobar. Lo mismo sucede con la entrevista. La parte más importante para superarla y contestar adecuadamente a las preguntas es **CONOCERSE A SÍ MISMO.**

La preparación personal contempla el conocimiento de sus aptitudes, experiencia, formación, destrezas, habilidades, puntos flojos y puntos fuertes. Eso le ayudará a que pueda contestar con fluidez a las preguntas y no se quede parado ante una cuestión difícil.

Durante la entrevista repasarán y supervisarán su currículo por completo. Es importante que lo tenga memorizado y se lo conozca a la perfección. Uno de los objetivos de la entrevista es comprobar si lo que dice en el CV es cierto. Cualquier duda que manifieste o titubeo en las respuestas hará que se dispare la alarma en los entrevistadores. Ante la más mínima sospecha de que ha mentido descartarán su CV.

Conocerse le servirá para valorar sus propios puntos débiles y cómo defenderlos.

Le aseguro que si usted no prepara la entrevista, el/la entrevistador/a, sí lo hará.

Intente cumplimentar esta tabla;

Puntos a favor para contratarme:	• P.ej: Se me da muy bien la contabilidad. • . • . • . • . • . • .	
Puntos en contra (mis puntos débiles) y argumentos para rebatirlos	P.ej: Mi nivel de inglés es bajo. • . • . • . • . • . • . • .	Me he inscrito en un curso • . • . • . • . • . • . •
Habilidades más destacables:	P.ej: Rapidez en mecanografiar un texto.	
Qué puedo aportar a este puesto de trabajo:	P.ej: Experiencia, formación actualizada..	
Por qué crees que puedes ser el mejor candidato para este puesto:	• . • . • .	

	•
Qué puede aportar mi formación a este puesto de trabajo	• . • . • . • .
Qué puede aportar mi experiencia previa a este puesto de trabajo	• . • . • .
Qué preguntas me preocupan y qué respuestas puedo preparar	•

La recomendación general es que para cada uno de sus puntos débiles tenga preparados 2 o 3 argumentos para rebatirlos.

Ya conocen la frase que dijo el gran escritor Francisco Umbral en una entrevista en televisión cuando pasaban los minutos y la periodista Mercedes Milá no le preguntaba sobre su nuevo libro:

YO HE VENIDO AQUÍ A HABLAR DE MI LIBRO.

Pues métase esa frase en la cabeza porque ese es su principal objetivo. Sus cualidades, habilidades, ventajas deben quedar patentes durante la entrevista y no depender exclusivamente de que el/la entrevistador/a le haga la pregunta correcta. Cuando salga de la entrevista tiene que estar seguro que ha dicho todo lo que tenía que decir.

Estas son algunas cosas que tiene que decir obligatoriamente en toda entrevista de trabajo (anote cómo mínimo 15 argumentos por los que deberían contratarle):

Ej: Soy una persona muy responsable
Ej: Tengo muchas ganas de ocupar este puesto porque me encuentro capacitada y motivada para ello
1.-
2.-
3.-
15.-

Debería de ser capaz de disponer de toda una batería de ventajas y argumentos para contratarle. No confíe solo en la habilidad de los entrevistadores para averiguar cuáles son sus beneficios. En muchos casos, ante candidatos poco comunicativos, es bastante difícil averiguarlo.

Ejercicio:

Defínase. Intente describir brevemente quién es. Para ello, elabore un texto que contemple aspectos personales y profesionales. Muchas empresas utilizan este tipo de preguntas para ver cómo se describe el candidato pero también para conocer cómo se expresa y evaluar su nivel comunicativo. De poco sirve poner en el CV "capacidad de comunicación" o "capacidad para relacionarme con los demás" si después quedará en evidencia ante una pregunta como esta.

¿Quién soy?

Procure que esta descripción esté vinculada de alguna manera con el puesto de trabajo que le están ofreciendo. Destaque lo más importante relacionado con el perfil que buscan.

Cumplimente estas tablas:

Qué es lo que mejor sé hacer	Cómo puedo demostrarlo

Puntos débiles	Cómo los compenso

Por ejemplo, podemos utilizar un punto débil y darle la vuelta:

Ejemplo:

-*Veo que está usted desempleado.*

-*Sí, es cierto. Pero durante este tiempo he aprovechado para realizar algunos cursos de formación ocupacional y mejorar mi nivel de inglés.*

Una entrevista de trabajo no se improvisa

Una buena improvisación requiere de muchas horas de preparación. Prepárese su intervención a fondo y evite en la medida de lo posible tener que improvisar. Tampoco se trata de actuar como un robot y dar respuestas demasiado automatizadas. Más bien se trata de que tenga claro qué desea comunicar. Qué mensaje quiere transmitir de forma clara y cómo lo hará.

Además de la preparación previa sobre usted mismo, deberá hacer los deberes para conocer a la empresa que le entrevistará. Evidentemente eso no siempre es posible ya que en ocasiones es una empresa de trabajo temporal o una empresa de selección la que hace la criba. Pero si acudimos directamente a la empresa será necesario conocer algunos datos. Afortunadamente ahora podemos consultar todos los datos de la compañía en internet. Casi todas las empresas tienen una página web.

En otros casos, es posible que no dispongan de web pero sí de un espacio físico (tienda, comercio, oficinas, almacén..) que podemos visitar.

¿Qué necesitamos conocer de la empresa? Pues cuanto más mejor. Pero lo recomendable sería:

- Actividad de la empresa
- Número de trabajadores
- Delegaciones
- Productos que comercializan
- Tipología de clientes
- Qué puesto de trabajo ofrecen
- Cuáles serían las funciones que tendría que realizar
- Qué piden en el anuncio (perfil)

Puede ser de mala educación acudir a una entrevista y no saber nada de la empresa que le está ofreciendo una oportunidad para trabajar.

Uno de sus objetivos es demostrar que cumple con todos los requisitos que ellos especificaron en el perfil, que se ha molestado en documentarse y que está muy interesado/a. Así que céntrese en conocer el perfil y en demostrar que lo cumple.

Las redes sociales:

Lo primero que hace cualquier empresa cuando recibe un currículo es buscar información del candidato en internet. Es tan sencillo como poner el nombre y apellidos en Google y buscar un poco en los resultados.

Mi consejo es que si está buscando trabajo, cuide muy bien su perfil en redes sociales como Facebook, Linkedin, Youtube o Twitter, entre otros. Una cosa es lo que usted dice en su currículo y otra muy diferente es lo que vemos en su perfil en Facebook. Y no lo dude, las empresas suelen creer más a su perfil en Facebook que a su currículum.

Por esta razón, diseñe sus perfiles de forma más profesional o limite el acceso.

Haga una sencilla prueba. Escriba su nombre y apellidos en Google y su población y verifique los resultados. Eso es lo que probablemente vea la empresa sobre usted.

Las redes sociales pueden ser su mejor aliado o su peor enemigo.

Recuerde:

> **No buscamos motivos para contratarle.**
> **Buscamos motivos para no contratarle.**

En definitiva, errores en su currículo o excusas para descartarlo. De esa forma es más sencillo pasar de 200 currículos a 20. Si buscáramos motivos para contratarle sería muy difícil descartar currículos porque en todos veríamos alguna razón para no eliminarlo.

Señale en su currículo por qué motivos cree que podrían descartarlo y que alternativas de respuesta ofrece para rebatirlos.

Algunos motivos:

Antes de acudir a la entrevista, prepárese.
La entrevista es una excelente oportunidad para
VENDERSE.

Las entrevistas de trabajo

El principal objetivo de las entrevistas de trabajo es conocer en primera persona al candidato, cómo se expresa, cómo se comunica, cómo responde y sobre todo, verificar que la información que indica en su currículo es cierta.

Muchas personas cumplimentan su CV sin poner demasiada atención a lo que indican o simplemente se basan en plantillas que han encontrado en internet. Su currículo tiene que ser claro y todo lo que indique tiene que ser demostrable. Si usted dice "capacidad de comunicación", está claro que tiene que poder demostrarlo durante la entrevista. En caso contrario podríamos pensar que simplemente lo ha puesto por rellenar y en consecuencia, todo lo que diga será puesto en entredicho.

El proceso de selección empieza mucho antes que la entrevista. Desde el momento en el que recibieron su currículo y decidieron concederle la entrevista, ya tienen unas determinadas expectativas. Hasta el momento lo único que conocen de usted es la información que ha proporcionado en el currículo.

En el capítulo anterior comentaba la importancia de la preparación previa. Si usted ha hecho los deberes debería acudir a la entrevista con una cierta preparación sobre lo que quiere vender. Ahora ya sabe qué quiere decir. La entrevista es el momento para hacerlo. Hasta entonces usted solo estaba entrenando.

Muchas personas manifiestan cierto temor a la entrevista. Como cualquier cosa que nos atemoriza, la información es fundamental. Una vez que conocemos cómo funciona una entrevista de trabajo y qué puede suceder el temor se reduce. Ese es el objetivo de este capítulo. Que conozca qué cosas pueden suceder durante una entrevista. Eso hará que acuda mucho más tranquilo y eso se percibe. Nadie quiere tener como entrevistado a un candidato nervioso. Es mejor un candidato más o menos relajado porque responde con mayor soltura a las preguntas. El candidato nervioso suele contestar con monosílabos y con información muy imprecisa.

Tipos de entrevista de trabajo:

Podemos encontrarnos con diferentes modalidades y tipos de entrevista. Las más conocidas suelen ser las siguientes:

- Entrevista individual
- Entrevista grupal
- Telefónica
- De presión

Estas suelen ser las más comunes. Empezaremos por la **entrevista individual**.

Se caracteriza porque suele haber un único candidato y un entrevistador. El objetivo es profundizar en los aspectos del currículo, formación y experiencia.

Las **entrevistas grupales** se fundamentan en la interacción entre los diferentes candidatos. Se suelen emplear para evaluar cómo se comunican, capacidad de interrelación e incluso de trabajo en equipo y resolución de problemas.

No se fíe de los peces de colores

Recomendación: No se fie de ninguno de los "candidatos". A veces uno de los candidatos suele ser un/a entrevistador/a que evalúa desde dentro el comportamiento de cada candidato en ausencia de una autoridad formal. Por tanto, intente relacionarse con todos y no caiga en ninguna posible trampa o provocación.

En las entrevistas en grupo se suelen desarrollar dinámicas como tormentas de ideas, debates, foros, resolución de un determinado problema, etc.

Mientras ustedes resuelven el caso, los evaluadores están observando su comportamiento. Por ejemplo anotando cuantas veces han intervenido, si han sido proactivos, participativos y asertivos o si son educados en sus intervenciones. Por tanto, tenga en cuenta que está siendo observado. Intente colaborar y ayudar en todo lo que puede. No sea acaparador. No se trata de ser el que más habla.

También debe saber que algunos de los ejercicios que les propongan no tienen solución. Así que no se cierre a ideas fijas y definitivas. Lo que evalúan no son los conocimientos sobre un tema sino sus rasgos de personalidad, cualidades, iniciativa, trabajo en equipo, comunicación y habilidades sociales.

Algunas sugerencias:
- Participe con cierta frecuencia
- Respete los turnos de palabra
- Intente ser educado y respetuoso con las opiniones de los demás

- Sea usted mismo. Defienda sus ideas pero sin atacar las ideas de los demás.
- Mantenga la calma y el control. No caiga en la trampa de la provocación ni realice ataques personales.
- Intente que los acuerdos sean consensuados. Pida la opinión a los que no hablan. Ayúdeles a participar.
- Escuche atentamente las opiniones de los demás

Otra modalidad de entrevista grupal es cuando tenemos **un candidato y varios entrevistadores.** Estos entrevistadores suelen desempeñar diferentes roles. Por ejemplo, la responsable de recursos humanos y la dirección comercial, o la dirección técnica. A veces no sabemos cuáles son sus cargos por lo que debemos dirigirnos a ambos por igual. No presuponga nada. A veces el que menos habla puede ser el que tiene la última palara sobre su contratación.

La **entrevista telefónica** suele utilizarse como técnica de preselección o para clarificar algún aspecto que no estaba claro del currículo o incluso cuando lo que se quiere es evaluar cómo es la comunicación verbal del candidato al teléfono. Supongamos que queremos seleccionar a una telefonista. Tal vez aspectos relacionados con su voz, entonación, amabilidad, tono, volumen o timbre son más importantes que los relacionados con su aspecto físico.

La entrevista de presión: Es un tipo de entrevista que suele intentar evaluar la capacidad que tiene un candidato para soportar la presión.

El problema surge cuando alguien que no domina este tipo de entrevistas la emplea. Es el caso de muchos empresarios o pseudo expertos que presionan al candidato en todas las direcciones posibles hasta que este no soporta más la presión y se derrumba.

Lo más habitual suele ser comprobar cómo reacciona el candidato ante dificultades o problemas y como tolera la frustración. Básicamente se evalúa su control emocional. De nuevo, la recomendación es: No se deje engañar. No caiga en las trampas e intente no perder el control.

La entrevista por competencias:

En un tipo de entrevista en la que se evalúa:

- ¿Qué hizo?
- ¿Cómo lo hizo?
- ¿Qué le motivó a hacerlo?

Se centra en sus experiencias pasadas y se analizan sus puestos de trabajo anteriores, las tareas que realizaba, qué labores desempeñaba, responsabilidades, éxitos, fracasos, aportaciones que realizó a la compañía..

Es un tipo de entrevista que cada vez se utiliza con mayor frecuencia.

También las entrevistas pueden ser:

- **Directivas o cerradas:** Las preguntas que hará el entrevistador están perfectamente definidas y se esperan respuestas concretas. Se suelen utilizar las mismas preguntas para todos los candidatos con la finalidad de comparar las respuestas que cada uno ha proporcionado a la misma pregunta.

- **No directivas o abiertas:** Preguntas del tipo "cómo se define a sí mismo" o "qué puede aportar a esta empresa". La idea es evaluar cómo se comporta el candidato desde el punto de vista comunicativo.

- **Mixtas:** Una mezcla de preguntas cerradas y preguntas abiertas.

Antes ya hemos mencionado la importancia de la preparación de la entrevista. Ahora nos prepararemos para la entrevista que vamos mantener.

Consejos:

- Antes de la entrevista relájese. No anticipe acontecimientos. Visualice cómo sería la entrevista perfecta. Piense positivamente.

- El día de la entrevista sea puntual. Intenta llegar 5 minutos antes pero no a la hora en punto.

- El día antes asegúrese de conocer la dirección y el medio de transporte que utilizará para llegar.

- No vaya a ninguna cafetería cercana. Puede encontrarse con alguien que trabaje en esa empresa o incluso con el mismo evaluador. No es la primera vez que alguien me ha comentado que le ha pasado. Otra alternativa es hacerlo, pero teniendo en cuenta qué imagen está ofreciendo. Por ejemplo, leer el periódico u hojear algún folleto de la empresa.

- Cuando llegue a la empresa sea amable con todo el personal. Algunos candidatos son muy amables con los entrevistadores pero poco con el personal de la recepción, por ejemplo. Tenga en cuenta que el proceso de selección no empieza con la entrevista. Empieza mucho antes. Puede ser que incluso, alguna de las personas con las que usted trabajaría en el futuro también le hayan evaluado desde el momento de su llegada.

- Cuide su vestimenta. No acuda como si fuera a una boda o una comunión. No haga un gran despliegue de medios ni llame excesivamente la atención por su manera de vestir o por los colores. Lo que queremos es llamar la atención por lo competentes que somos o por nuestra actitud y ganas de trabajar.
- Recuerde que durante la entrevista están sentados y que la persona que le evalúa está a un metro de usted por lo que toda su atención se centrará en el busto. Su cara, su peinado, el nudo de la corbata, los puños de su camisa, su maquillaje…
- No utilice perfumes muy fuertes ni un exceso de maquillaje.
- Lleve una vestimenta similar a la que llevaría si fuera a trabajar.
- Lleve una copia actualizada de tu currículo.
- Lleve un bolso o un maletín. Da muy mala impresión cuando alguien llega con las manos en los bolsillos.
- Prepare su lista de argumentos y repásela.
- Prepare la información de la empresa.
- Aproveche los minutos de espera para mirar algún folleto o catálogo.

- En general, cuide su aspecto físico; vestimenta, peinado, aseo e higiene, afeitado, zapatos limpios,...**NO TENEMOS DOS OPORTUNIDADES PARA CAUSAR UNA PRIMERA BUENA IMPRESIÓN**.

- Intente no aparentar un rol. Compórtese con naturalidad. Lo artificial se nota.

- DESCONECTE SU TELÉFONO MÓVIL.

- Respete el espacio y el territorio de su interlocutor.

- No dejes nada encima de la mesa. Deja tu maletín o bolso en el suelo.

- Si quieres poner algo encima de la mesa pide permiso. Por ejemplo; "He traído mi currículo y un folio para tomar apuntes ¿Me permite?

Cuando llegamos a la empresa, lo habitual es dirigirnos a la recepción para indicarles que venimos a hacer una entrevista. La recepcionista lo consulta y nos pide que esperemos en una sala.

Recuerde que aquí ya ha empezado el proceso de selección. Sea amable y cortés con la persona que le ha atendido y aproveche esos minutos de espera para mirar algún catálogo o folleto de la empresa. Cuando entre en el despacho para hacer la entrevista es bueno que le vean con esa documentación porque demuestra interés por su parte. No todos los candidatos lo hacen.

Primeros segundos.

Es el momento de entrar en el despacho. También es el momento en el que se disparan las pulsaciones. Tranquilo/a. No pasa nada. Es lo normal. Pocas personas están tranquilas durante una entrevista de trabajo. Y si alguien lo está puede aparentar que el trabajo no les importa demasiado.

Algo que solemos hacer los humanos es efectuar predicciones. Las hacemos continuamente, de forma inconsciente y automática. Intentamos predecir el comportamiento de los demás a partir de lo que vemos o percibimos.

Creemos que es bueno porque nos ayuda a:

- Comprender las intenciones y los comportamientos de los demás
- Convencerles
- Atraer a quien nos gusta

Muchas de estas predicciones automáticas suelen ser erróneas. Pero otra cosa es cuando se hacen de manera racional y consciente. Esto implica la habilidad y práctica de ser muy buenos observadores y muy curiosos para poder efectuar lecturas correctas.

La Teoría de la Menta explica que a partir de los 4 años ya tenemos la capacidad para atribuir intenciones a otras personas.

Pero, para hacer predicciones, la primera regla es:

Conócete bien a ti mismo. Si no te conoces ¿Cómo esperas conocer a los demás?

Trabaje su empatía. Intente entender las intenciones de su interlocutor. Póngase en su lugar. Piense por qué le hace tal pregunta y tal vez comprenda su comportamiento. Esto, no solo es válido para las entrevistas de trabajo. También le será de utilidad en cualquier ámbito de su vida.

Deje que la persona que le entrevistará lleve la iniciativa. No ofrezca la mano si no se la ofrecen antes.

¿Qué vemos durante los primeros segundos?
Cuando dos personas se ven por primera vez, tienen tendencia a elaborar un juicio subjetivo en base a las impresiones que han captado por los sentidos.
Eso nos permite emitir un pre juicio que muchas veces es erróneo.
Esta forma de trabajar de nuestro cerebro podía ayudarnos hace siglos, cuando estábamos en las cavernas a saber si una sombra era comida o la comida éramos nosotros. Por tanto, a identificar rápidamente a nuestro interlocutor y sacar conclusiones de si era amigo o enemigo.

Ahora, lo seguimos haciendo de manera inconsciente. Sin embargo, las conclusiones que sacamos durante esos primeros instantes son muy difíciles de modificar. Si al principio hemos dado una primera impresión de que somos prepotentes, nuestro interlocutor adaptará su discurso a esa primera impresión. Tardaremos una media hora en convencerle de lo contrario.

Esa primera impresión suele obtenerse durante los dos primeros segundos según; nuestra apariencia personal, aseo, adornos, relojes, joyas, marcas, constitución, peinado o la forma de dar la mano.

La mano.

La forma de dar la mano proporciona mucha información. Ya que es un primer contacto físico con nuestro interlocutor.
De la forma de estrechar la mano se pueden sacar conclusiones que condicionarán a algunos al principio de la entrevista.

Si nos fijamos en la firmeza o fuerza aplicada tendríamos:

- **Neutra:** Poca presión. Falta de seguridad.
- **Floja:** Inseguridad, desconfianza, distanciamiento. Deseo de no mantener contacto físico con el otro.
- **Firme:** Seguridad. Confianza. Autocontrol.

- **El guante.** Atrapar la mano entre nuestras manos: Demostración de dominio. Paternalismo. Protección.
- **Cuatro dedos**: Ofrecer la punta de los dedos es como ofrecer un paquete de salchichas. Es un tipo de mano desagradable que denota desconfianza, poca seguridad y baja autoestima.

Ofrecer nuestra mano con la palma hacia arriba: Indica predisposición y colaboración, ayuda, confianza, franqueza, servicialidad.

Ofrecer nuestra mano con la palma hacia abajo: Deseos de dominio, agresividad, intención por dejar claro quién manda.

Mediante la forma que tenemos de ofrecer nuestra mano expresamos nuestro estado de ánimo, nuestra personalidad e incluso nuestras intenciones.

¿Y cómo debemos ofrecer la mano?

Independientemente de que sea hombre o mujer, estamos ofreciendo la "mano de negocios", no una mano social o la que ofrecería en una fiesta.

Tiene que ofrecerla con cierta firmeza pero sin un exceso de fuerza. Es como decir, "aquí estoy".

Procure ofrecer la mano recta, perpendicular o con la palma ligeramente hacia arriba para demostrar cooperación y franqueza. La mano que se ofrece perpendicular o recta, demuestra empatía y comprensión del otro. A la vez, mire directamente a los ojos de su interlocutor y ofrezca una pequeña sonrisa.

Verá que eso que ha sucedido durante dos o tres segundos ha permitido transmitir algo sobre usted:

- Que es una persona segura (firmeza)
- Que es sincera (mira a los ojos y ofrece la palma hacia arriba)

Y si encima viste de una forma adecuada, su primera imagen será muy favorable.

Ahora imagine a otro candidato que viene para optar al mismo puesto de trabajo y que ofrece una mano débil y sin apenas fuerza, que mira hacia abajo cuando estrecha la mano y que lleva el nudo de la corbata mal hecho.

Creo que usted mismo/a puede empezar a sacar sus propias conclusiones. Aunque esas conclusiones fueran erróneas, es con lo que nos quedamos.

Muchos empresarios dicen que serían capaces de decidir sobre un candidato 10 segundos después de que aparezca por la puerta. La primera impresión es muy importante y usted puede prepararla para ofrecerla de manera consciente y premeditada.

Reflexión:

¿Qué primera impresión le gustaría transmitir?
¿Qué le gustaría que opinaran de usted después de esos 10 primeros segundos?
¿Qué va a hacer para preparar su primera impresión?

Manos que sudan.
Muchas personas me han estrechado su mano humedecida por el sudor y he podido ver en su mirada lo que les incomodaba la situación.

En una ocasión, durante una entrevista a alumnos, una chica me dio un beso en lugar de estrecharme la mano que previamente yo le había ofrecido. Más adelante, me confesó que tenía un grave problema endocrino que le hacía sudar en exceso y que eso le preocupaba enormemente por lo que pensaba que nunca podría ir a una entrevista de trabajo.

Existen productos en la farmacia que pueden ayudarle para controlar ese problema. Pero también puede llevar un pañuelo en el bolsillo para secarse el sudor antes de ofrecer la mano y sin que nadie se dé cuenta.

Ahora que ha visto lo que sucede durante esos primeros instantes en los que ambos se ven por primera vez, volvamos a la entrevista.

Etapas generales de una entrevista de trabajo:

- Bienvenida y saludo inicial
- Centrado
- Introducción y/o presentación
- Desarrollo y preguntas del/a entrevistador/a
- Conclusiones y despedida

Bienvenida: Es la etapa que hemos comentando antes y que se refiere a los primeros segundos desde que aparece por la puerta al saludo mediante un apretón de manos.

Centrado: Como dijimos anteriormente, los candidatos suelen estar nerviosos en una entrevista de trabajo. Imagine si nada más llegar, se sienta y empezamos a hacerle preguntas sin darle tiempo para familiarizarse con el lugar, la situación y el entrevistador. Pues ese podría ser un buen comienzo para una entrevista de presión. Pero lo habitual es que después del saludo se proporcione un breve tiempo para calmar y tranquilizar al candidato. En eso consiste el centrado.

Introducción: En esta fase se suele hablar de la empresa y del perfil que estamos buscando.

(Observe que hasta este momento, usted ha hablado muy poco).

Desarrollo y preguntas: Generalmente preguntas relacionadas con aspectos personales, académicos y profesionales.

Conclusiones y despedida: Resumen de la entrevista y preguntas finales. En este momento tiene que aprovechar para dejar claro cualquier aspecto que se le haya olvidado decir o que usted considera que no ha quedado suficientemente claro. Si le pregunta "¿Quiere añadir algo más", siempre diga que sí. Aproveche para indicar algún punto fuerte y sobre todo, las ganas que tiene de trabajar en esa empresa.

Además, durante toda la entrevista deberá controlar:

- Los gestos. Comunicación no verbal
- Su mirada
- La sonrisa

Los gestos: Como sabe, la comunicación no verbal es muy importante en cualquier relación interpersonal, bien sea para superar una entrevista de trabajo o para encontrar a una pareja.

Sugerencias durante la entrevista:

- Estreche la mano con seguridad y mirando a los ojos de su interlocutor.
- Sonría al saludar

- Salude de manera cordial (buenas tardes, buenos días..)
- Agradezca que le den la oportunidad de hacer la entrevista. Eso demuestra interés.
- Siéntese derecho. Ni recostado ni en la punta de la silla.
- No se apoye en la mesa. Es su territorio.
- Procure estar simpático y agradable. Nadie quiere entrevistar a una persona pesimista o triste. Y menos, teniendo en cuenta que esa persona podría trabajar en esa empresa.
- El que le hace la entrevista está intentando imaginarle ocupando el puesto de trabajo y viéndole a diario. Póngaselo fácil.
- No interrumpa. Respete los turnos de palabra.
- No discuta. Siempre saldrá perdiendo.
- No caiga en sus trampas.
- No intente competir con el entrevistador haciéndole ver que usted sabe más que él sobre un determinado tema.
- No responda con frases demasiado cortas. Que vean que tiene soltura para expresarse con comodidad.

- No se cruce de brazos. Demuestra distanciamiento y bloqueo.

- No se precipite en las respuestas. A veces es mejor esperar un poco y contestar que precipitarse y meter la pata.

- Siempre que tenga la oportunidad, aproveche para **HABLAR DE SU LIBRO**. Ya sabe lo que ha venido a hacer en la entrevista. A hablar de sus cualidades, ventajas y fortalezas y de cómo esas cuestiones repercutirían de manera positiva en la empresa si le contrataran.

- Nunca diga que es el mejor candidato. Eso no lo sabe ya que no conoce a los otros candidatos.

- Demuestre interés y **entusiasmo** por el trabajo. Pero no lo mendigue.

- No se niegue a responder a las preguntas (excepto las relacionadas con sexo, religión o política).

- No intente dar lástima o pena. Nadie le contratará por ese motivo.

- No critique a antiguos jefes, compañeros o profesores.

- No lleve gafas de sol

- Conozca todo lo que pueda de la empresa

- Mencione sus puntos fuertes, su experiencia y su formación

- Acuda solo/a. (Aunque parezca mentira, en alguna ocasión he recibido a alguna persona que venía a hacer la entrevista acompañado por su novia, novio o padres).

La actitud es fundamental

La aptitud es muy importante pero la actitud es fundamental. La mayoría de las entrevistas no suelen alargarse demasiado. Algunas se liquidan en menos de media hora. Si usted solo se centra en responder como un autómata no estará diciendo mucho de sus aspectos positivos. Sea activo. Asegúrese de mostrar una actitud de interés hacia el puesto.

En alguna ocasión me ha sucedido que después de enviar algún candidato a alguna empresa, me han llamado para decirme que no lo contrataban porque su actitud era muy negativa. A veces el candidato no es que sea negativo o no tenga ganas de trabajar. El problema es que no ha sabido transmitirlo durante la entrevista.

El gran descubrimiento de mi generación es que un ser humano puede alterar su vida al alterar sus actitudes. (William James)

¿Qué busca la persona que hace la selección?

- Principalmente imaginar si somos el candidato que cumple con el perfil que habían definido como ideal.
- Si nos adaptaremos al puesto
- Si encajaremos con los compañeros
- Si encajaremos con los superiores
- Si estamos preparados académicamente para hacerlo
- Si tenemos la experiencia necesaria
- Si somos de confianza (no hemos mentido)
- Si tenemos ganas de hacerlo

Cuando terminemos la entrevista, deberíamos:

- Estar seguros de que hemos indicado nuestros puntos fuertes y ventajas
- Conocer la definición del puesto de trabajo, funciones, tareas, responsabilidades, dependencia jerárquica
- Ideas sobre remuneración o tipo de contrato
- Objetivos del puesto de trabajo
- Agradecer a la persona que nos ha atendido durante la entrevista por la oportunidad de presentar nuestra candidatura.

La entrevista no termina hasta que usted salga del edificio. No se relaje.

Algunos/as entrevistadores/as intentan ofrecer una imagen relajada y distendida durante la entrevista, con cierta cordialidad y "colegueo" que suele hacer que el candidato baje la guardia. Hablan de fútbol u otros temas y ofrecen una imagen poco profesional. No siempre podemos saber si en realidad es así o está representando un rol. Por si acaso, no se fíe.

La derrota no es el peor de los fracasos. No intentarlo es el verdadero fracaso (George E. Woodberry)

Las preguntas de la entrevista

La mejor forma de contestar a las preguntas es conocerse bien a sí mismo. También conocer de antemano qué tipo de preguntas pueden formularle le ayudará a planificar con antelación su respuesta. Como dijimos anteriormente, una buena improvisación requiere de muchas horas de preparación. Si usted no está muy habituado a hablar en público es mejor que no improvise porque es fácil equivocarse o dar una respuesta de la que luego se arrepiente.

Por otra parte, prepararse las respuestas es asegurarse que hemos proporcionado la información adecuada a su pregunta.

Habitualmente, una forma de realizar las preguntas consiste en repasar el currículo del candidato, empezando por su información personal, siguiendo por su formación y acabando por su experiencia. Antes de la entrevista, el entrevistador habrá revisado su currículo y señalado incoherencias o aspectos que le gustaría clarificar en la entrevista. Por esa razón, tenemos que intentar que la información que proporcionemos en el CV sea precisa, clara y concreta para evitar preguntas sorpresa. Por ejemplo, si usted no ha puesto fechas de inicio/finalización de sus empleos, podrían preguntarle ese dato durante la entrevista para conocer cuánto tiempo pasó en cada empresa, tiempo sin trabajar, etc..

Como preparación para la entrevista le sugiero que para las diferentes preguntas que detallo, elabore un pequeño borrador con una idea sobre el tipo de respuesta que proporcionaría. No se trata de que defina una frase concreta como si fuera un guión. Más bien se trata de definir la idea principal de su respuesta.

Aunque verá que muchas preguntas son parecidas, en la práctica no se suelen utilizar tantas como aquí se detallan. Las respuestas que usted proporcione son importantes pero lo es más su manera de contestar, su ACTITUD, su simpatía, predisposición y ganas de trabajar.

> No intente mentir ni desempeñar un rol. Sea usted mismo.

- Confíe en sí mismo y en su capacidad profesional
- Tenga claros sus objetivos profesionales

- Aleje de su mente los mensajes negativos (no podré, saldrá mal, me pondré nervioso..)
- Escuche con atención (escucha activa) y demuestre que escucha, por ejemplo con pequeños movimientos de cabeza. Que no parezca una estatua.
- Evite los tics
- Emplee gestos moderados

En una entrevista profesional no deberían hacerle preguntas relacionadas con sexo, religión o política. Si se produce, responda amablemente que no considera que esa pregunta sea adecuada.

Algunas preguntas:

1. Hábleme de usted
2. ¿Cuáles son sus objetivos a corto y medio plazo?
3. ¿Qué busca en este trabajo?
4. ¿Por qué deberíamos contratarle? (Céntrese en sus cualidades, formación, experiencia y en que cumple con el perfil solicitado, además de indicar sus ganas de trabajar. No diga que es el mejor ni nada parecido.)
5. ¿Qué puede hacer por esta empresa?
6. ¿Trabaja bien bajo presión? (Podemos poner algún ejemplo práctico que nos haya sucedido. No se trata de contestar sí o no a las preguntas. Siempre tenemos que argumentar).

7. ¿Cuánto quiere cobrar? (Esta es la pregunta del millón. No proporcione una cifra concreta. Ofrezca un abanico. Por ejemplo, entre xxx y xxx. Además, conviene que argumente por qué dice esa cifra. Por ejemplo; "Me gustaría cobrar entre xxx y xxxx, debido a que he visto ofertas similares a esta y esos eran los salarios que se pagaban". De esta manera demostramos que somos flexibles y que también conocemos el mercado de trabajo.

8. Si empezara de nuevo ¿Qué decisiones académicas y profesionales cambiaría?

9. ¿Puede proporcionarnos referencias?

Consejos:

- Si le hacen una pregunta, no conteste con monosílabos. Eso solo hará que le vuelvan a hacer nuevas preguntas. La diferencia con otro candidato que haya ampliado sus respuestas será que a usted le han hecho 50 preguntas y al otro 20.

- En toda pregunta intente contestar con argumentos no con opiniones o preferencias personales. Por ejemplo, si le preguntan por el salario que desea cobrar y usted contesta una cantidad diciendo que es lo que cobraba antes o que tiene muchos gastos…..sepa que eso le da absolutamente igual a la persona que hace la entrevista. No es su problema.

- La técnica del embudo. Es lo mismo que la técnica del interrogatorio. Si le preguntan y su respuesta es muy escueta, continuarán preguntando. Está demostrado que una persona que amplía sus respuestas recibe un menor número de preguntas.

- Tenga en cuenta sus respuestas basándose en el perfil que quieren contratar y de las necesidades de la empresa.

- POR QUÉ. Esta pregunta abre cualquier puerta. Si el entrevistador le hace una pregunta y su respuesta no está clara, utilizará la llave del por qué. Si le preguntamos si le gusta trabajar solo o en equipo y usted contesta que en equipo, no dude que le preguntaremos ¿Por qué? Eso es lo que nos proporciona información.

- El objetivo de muchas preguntas es conocer cómo se expresa el candidato y cómo se enfrenta a un problema.

Más preguntas:

10. Explíqueme los principales logros que ha conseguido, por ejemplo, en su último empleo.

Logro 1	
Logro 2	

11. Dígame tres puntos fuertes y tres puntos débiles. (Debemos conocer nuestros puntos fuertes y débiles. Como vimos anteriormente eso lo trabajamos en la etapa de preparación. Procure que los puntos fuertes estén relacionados con el puesto de trabajo que le ofrecen. Por ejemplo, si opta a un puesto de Contable, un punto fuerte puede ser que es una persona muy ordenada o meticulosa. Los puntos débiles también tenemos que decirlos. Nunca digamos que no tenemos puntos débiles. La diferencia es que intentaremos decir puntos débiles que no tengan que ver o no afecten al empleo que nos ofrecen. También hay personas que intentan camuflar un punto débil con un punto fuerte. Por ejemplo, ante la petición de un punto débil: "Considero que uno de mis puntos débiles es que soy muy perfeccionista". También dejaremos claro que ninguno de los puntos débiles que acabamos de indicar nos han afectado en ningún trabajo anterior).

12. ¿Cómo era la relación con sus jefes/as?

13. ¿Cómo se valora como profesional?

14. ¿Cómo se describe como empleado?

15. ¿Cómo se describe como jefe/a?

16. Prefiere trabajar de manera individual o en equipo. (Dependerá del trabajo que nos ofrecen. Intente dejar claro que puede trabajar de las dos formas y que en sus anteriores empleos ha podido hacerlo satisfactoriamente).

17. ¿Qué cualidades o características valora más de sus superiores?

18. Si usted es tan buen candidato, ¿Por qué aún no ha conseguido un empleo?

19. De sus empleos anteriores, ¿Qué tareas le gustaban más y qué tareas le gustaban menos? ¿Por qué?

20. Descríbame detalladamente un día de trabajo en su anterior empleo. Qué hacía, cómo lo hacía, qué recursos empleaba...

21. ¿Cómo se le da el trato con el cliente?

22. ¿Se considera usted una persona extrovertida o introvertida?

23. Si usted estuviera haciendo esta selección, ¿Qué cualidades buscaría en el candidato ideal?

24. Explíqueme una situación en la que usted resolviera un problema de forma exitosa.

25. ¿Se considera un líder o un seguidor? ¿Por qué?

26. ¿Cuál ha sido la decisión más importante que ha tomado en el pasado desde el punto de vista profesional?

27. ¿Qué ha aprendido de sus errores?

28. Si le preguntara a alguno de sus anteriores jefes sobre usted ¿Qué cree que me dirían?

29. Si le preguntara a alguno de sus anteriores profesores sobre usted ¿Qué cree que me dirían?

30. Si le preguntara a alguno de sus anteriores compañeros de trabajo sobre usted ¿Qué cree que me dirían?

31. ¿Cuáles son sus principales valores y por qué?

32. ¿Cómo reacciona ante la injusticia?

33. ¿Cómo se relaciona en un equipo de trabajo? Cuénteme su experiencia con el trabajo en equipo.

34. ¿Qué impresión cree que he sacado de usted?

35. ¿Por qué eligió esos estudios?

36. ¿Cree que fue acertada su decisión?

37. ¿Qué le gustó más y menos de sus estudios?

38. ¿Se considera un buen estudiante?

39. ¿Ha realizado otros cursos adicionales?

40. ¿Desea seguir estudiando? ¿Qué cursos?

41. ¿Por qué quiere trabajar en esta empresa?

42. ¿Qué valora de sus amigos?

43. ¿Qué aficiones tiene?

44. ¿Cuál ha sido el último libro que ha leído?

45. ¿Qué se llevaría a una isla desierta? ¿Por qué esa elección?

46. ¿Qué le interesa de esta oferta de trabajo?

47. ¿Cree que está capacitado? ¿Por qué?

48. ¿Por qué ha cambiado de empleo?

49. ¿Qué es para usted el éxito?

50. ¿Qué es para usted el fracaso?

51. ¿Se acuerda de algún fracaso que haya podido superar con éxito? ¿Podría explicarlo?

52. ¿Cómo le gustaría que fuera su futuro?

53. ¿Por qué abandonó el trabajo X?

54. ¿Podemos pedir referencias en su anterior empresa? ¿Qué cree que nos dirán?

55. Describa su trabajo ideal

56. ¿Qué idiomas conoce? ¿Cómo los ha aprendido? ¿Tiene alguna acreditación oficial?

57. ¿Qué programas informáticos conoce? ¿Cómo los ha aprendido? ¿Cuál cree que es su nivel?

> Piense qué imagen quiere que su interlocutor se lleve de usted y concéntrese en cada respuesta para proporcionar esa imagen

Consejos:

- Recuerde que la mayoría de las preguntas no evalúan una respuesta correcta o incorrecta sino la manera que usted tiene de responder. Su capacidad de improvisar, de resolución de problemas..

- No se precipite. No responda lo primero que le venga a la cabeza. Es mejor reflexionar y si no tiene la respuesta dígalo. No pasa nada.

- Si está nervioso/a, coméntelo al/la entrevistador/a. Muchos candidatos están nerviosos pero no se les nota. Decirlo le ayudará a relajarse y generalmente hará que su interlocutor se muestre comprensivo con la situación.

- Intente adaptar el relato de su experiencia con el perfil que le están ofreciendo. Lo que pretende entender el/la entrevistador/a, es qué parte de su experiencia le puede ser útil en su empresa,

- No hable demasiado ni pretenda acaparar. Sea conciso y preciso.

- No intente demostrar a su interlocutor que sabe más que él/ella.

- Cuide su postura, tono y volumen. No hable demasiado alto ni demasiado bajo.

- Colabore con su interlocutor y póngaselo fácil. No lo mire como si fuera su enemigo. Convencerlo es lo que le separa del puesto de trabajo que quiere.

Muchas de estas sugerencias son de sentido común. Que como sabe es el menos común de los sentidos. No se preocupe porque vea tantas recomendaciones. Seguramente usted ya sigue estos consejos en sus entrevistas, pero puede añadir alguna pequeña sugerencia que hará la diferencia.

También le tranquilizará saber que no le van a hacer la mayoría de estas preguntas. Pero si se las prepara es probable que sepa usted más que el entrevistador.

Más preguntas:

58. ¿Se considera una persona fácil de dirigir?

59. ¿En qué cree que se ha beneficiado su anterior empresa por contratarle?

60. ¿Se considera líder o seguidor? Póngame un ejemplo.

61. ¿Ha repetido algún curso? En caso afirmativo ¿Por qué?

62. Cuando estudiaba, ¿compaginaba sus estudios con algún empleo?

63. ¿Cómo se ha pagado sus estudios?

64. ¿Qué lección ha aprendido de alguno/a de sus antiguos/as profesores/as?

65. ¿Ha sido delegado/a de algún curso?

66. ¿Cree que su formación le ha sido útil para alguno de sus empleos?

67. ¿Tiene alguna pregunta sobre las funciones que desarrollará? (Es recomendable que haga preguntas sobre el empleo como si ya le hubieran contratado. Por ejemplo; "Qué programas utilizaré para llevar la contabilidad", "Qué modelo de máquina emplearé para..")

68. Si no hubiera elegido esos estudios ¿Qué habría estudiado?

69. ¿Qué influyó en usted en el momento de elegir esos estudios?

70. ¿En qué medida, sus notas se deben al esfuerzo o a su inteligencia?

Continuo esfuerzo, no la fuerza o la inteligencia, es la clave para liberar nuestro potencial. (Winston Churchill).

71. Respecto a formación complementaria ¿Qué cursos de reciclaje ha realizado?

72. ¿Considera importante la formación complementaria o los cursos de corta duración?

73. ¿Estaría dispuesto a seguir formándose?

74. ¿En qué materias cree que necesita más formación?

75. Hábleme de sus actividades al margen de su trabajo. Por ejemplo, aficiones, hobbies, asociaciones a las que pertenece.

76. ¿Cómo se llevaba con sus antiguos compañeros de trabajo?

77. Describa una situación conflictiva que haya vivido en alguna empresa y cómo lo solucionó.

78. ¿Cómo consiguió el último empleo? ¿Y el anterior?

79. ¿Qué conoce de nuestra empresa?

80. ¿Estaría dispuesto a trasladarse a vivir a otra ciudad?

81. ¿Prefiere trabajar en una empresa grande, mediana o pequeña? ¿Por qué?

82. ¿Cuándo podría incorporarse al trabajo?

83. ¿Cuál es el último libro que ha leído? ¿Podría hacerme un resumen?

84. ¿Cuál es la última película que ha visto? ¿Podría hacerme un resumen?

Consejos:

- Confíe en sus posibilidades. Si no confía en usted ¿Cómo espera que lo hagan los demás?
- Sea versátil, flexible y adaptable. No emplee palabras como siempre, todo…Debemos demostrar que somos lo suficientemente flexibles como para adaptarnos a cualquier circunstancia o empresa.

- No responda con un escueto "Sí" o "No". Amplíe siempre sus respuestas.

- Algunas preguntas son muy parecidas. Se trata de averiguar si usted es coherente con sus respuestas.

- Muchas empresas tienen miedo a que venga con vicios o hábitos mal adquiridos. La típica frase "yo en mi anterior empresa lo hacía así..". Por ese motivo tenemos que esforzarnos por explicar que nos adaptamos a cualquier modo de trabajo.

- Escuche con atención.

- Explique los acontecimientos de forma ordenada. No salte de un tema a otro. Su mensaje tiene que ser claro para su interlocutor.

- Utilice palabras como futuro, retos, confianza, eficacia, responsabilidad, proyectos..

- Muestre entusiasmo. Puntúa más que un Máster.

Lo importante es quién eres, no solo lo que sabes

Más preguntas

85. ¿Tiene otras ofertas de trabajo?

86. ¿Se considera impulsivo o reflexivo? ¿Por qué?

87. ¿Tiene usted hijos? ¿Qué edades tienen?

88. ¿Cómo compaginará la vida familiar con el trabajo?

89. ¿Cómo ha manejado algún conflicto con compañeros de trabajo?

90. ¿Piensa que está sobrecualificado para este puesto de trabajo?

91. ¿Puede explicar este vacío en su currículo?

92. ¿Qué experiencia tiene en este campo?

93. ¿Conoce a alguien que trabaje en esta empresa?

94. ¿Le han despedido de alguna empresa? ¿Por qué motivo?

95. ¿Qué es más importante para usted, el trabajo o el dinero?

96. Cuénteme algún problema que haya tenido con algún jefe anterior. (No caiga en la trampa. Procura no hablar mal de ningún jefe anterior).

97. ¿Qué ha aprendido de sus errores, en general?

El mejor indicador del desempeño futuro es el desempeño pasado en situaciones y trabajos similares

98. Cuénteme la entrevista de selección más difícil que ha tenido hasta la fecha y por qué le pareció tan difícil

99. ¿Qué le parece esta entrevista? ¿Cree que lo está haciendo bien? (Pretende pillarle por sorpresa. Sea sincero y conteste francamente).

100. ¿Cómo manejaría usted a un cliente insatisfecho y enfadado?

101. Ha trabajado usted en empleos muy diferentes. ¿Cuál de ellos es realmente su vocación?

102. ¿Tiene usted capacidad de adaptación? Póngame un ejemplo

Observaciones:

Está claro que las preguntas sobre hijos formuladas a hombres y mujeres se contemplan de forma diferente, por desgracia.

En el caso de las mujeres, deberán argumentar que no suponen ningún problema y que tienen recursos familiares para cualquier posible contratiempo (colegio, llevarlos al médico).

Como decía, por desgracia, son muchas las empresas que utilizan este tipo de preguntas como filtro. Algo, desde mi humilde punto de vista, poco ético.

Incluso, preguntas sobre su estado civil podrían llegar a considerarse ilegales pudiendo vulnerar el Artículo 14 de la Constitución Española:

"Los españoles son iguales ante la ley, sin que pueda prevalecer discriminación alguna por razón de nacimiento, raza, sexo, religión, opinión o cualquier otra condición personal o social."

Más preguntas

103.　¿Su salida de la empresa fue problemática?

104.　¿Cómo ha influido su trabajo en el éxito de su empresa o departamento?

105.　¿De qué aspectos de su vida (laboral, familiar, académica..) se considera usted más orgulloso?

Recuerde: No está buscando trabajo. Está intentando trabajar en esa empresa en concreto

106.　¿Se considera una persona creativa? ¿Puede ponerme algún ejemplo?

107.　¿Le preocupa hablar en público? ¿Cuándo ha tenido que hacerlo?

108.　¿Sabe manejar clientes problemáticos? ¿Póngame algún ejemplo?

109.　¿Sabe delegar?

110.　¿Qué ha hecho mientras buscaba trabajo?

111.　¿Cómo evalúa hasta el momento su carrera profesional?

112. ¿Cómo le gustaría que le recordaran sus compañeros de trabajo?

113. Si fuera jefe ¿Qué estilo de dirección utilizaría? (Los estilos más conocidos son; Autocrático, paternalista, democrático y burocrático. No se case con ningún estilo en concreto. Es mejor utilizar el liderazgo situacional; un estilo de dirección concreto para cada caso. En algunas ocasiones será bueno el estilo democrático, en otras el autocrático).

114. ¿Qué tipos de lectura le gustan?

115. ¿Qué tipo de películas le gustan?

116. ¿Qué deporte es el que más le gusta?

117. ¿Participa en alguna asociación u ONG?

118. ¿Le gustan los animales? ¿Tiene mascota?

119. ¿Cuáles son sus objetivos personales a corto plazo?

120. ¿Cuáles son sus objetivos profesionales a corto y medio plazo?

121. ¿Ha mentido usted durante la entrevista? (Típica pregunta de presión. Mantenga la calma. El objetivo es ponerlo nervioso.)

122. ¿Por qué tendría que creer todo lo que me ha dicho? (pregunta de presión).

123. ¿Es usted una persona digna de confianza? ¿Por qué? (pregunta de presión).

124. ¿Suele acabar lo que empieza?

125. Descríbame al/la mejor jefe/a que ha tenido.

126. ¿Qué ambiente de trabajo prefiere?

127. En una empresa ¿Qué departamento es el que más le gusta? ¿Por qué?

128. ¿Sería capaz de continuar la entrevista en (inglés, francés..)?

129. ¿Qué revistas suele leer?

130. Si fuera un animal. ¿Qué animal sería?

131. ¿Planea tener hijos en el futuro?

132. ¿Cuáles eran sus máximas responsabilidades en la empresa X?

133. ¿Cuál fue el último proyecto que lideró y cuáles fueron los resultados?

134. ¿Qué es lo que más le molesta de otros compañeros y cómo lo controla?

135. ¿Cuál es su principal miedo?

136. ¿Quién ha causado mayor impacto en su carrera profesional?

137. ¿Qué va a echar de menos de su último trabajo?

138.   ¿Cuál es su recuerdo de la infancia favorito?

139.   ¿Cuáles son las características de un/a mal/a jefe/a?

140.   Dígame tres características positivas que usted no tiene y le gustaría tener.

141.   ¿Qué herramientas o técnicas utiliza para organizar su trabajo?

142.   ¿Tiene muchos o pocos amigos?

143.   ¿Cómo describiría la amistad?

144.   ¿Prefiere un trabajo previsible o un trabajo cambiante? ¿Por qué?

145.   ¿Qué cree que puede aportarnos si no tiene experiencia profesional? (Debemos justificar la ausencia de experiencia con formación. Si hemos realizado prácticas tenemos que venderlas como experiencia. Además de la formación añadiremos nuestras ganas de trabajar, interés por el puesto, capacidad de trabajo, ganas de aprender y de mejorar, etc..).

146.   ¿Cómo podría compensar su falta de (experiencia/formación) para este puesto?

147.   ¿Por qué ha pasado tanto tiempo en el mismo puesto en la empresa X? ¿Por qué no ascendió de categoría?

148.   ¿Cómo explicaría sus ascensos?

149.   ¿Qué le decepcionó de la empresa X?

150.   ¿Cuál ha sido la tarea más aburrida que ha realizado hasta la fecha?

> *Puede que todos los días no sean buenos, pero hay algo bueno en todos los días.*

151.   ¿Y la tarea más apasionante?

152.   ¿Cuál ha sido su mayor decepción profesional? ¿Por qué?

153.   ¿Alguna vez ha despedido a alguien? ¿Puede explicarme cómo lo hizo?

154.   Si pudiera elegir trabajar en su empresa ideal ¿Cómo sería?

155.   ¿Está dispuesto/a a viajar esporádicamente?

156.   ¿Qué posición prefiere para trabajar en equipo?

157.   ¿Cómo motiva a las personas que trabajan a su cargo?

158.   ¿Cómo las evalúa?

159.   ¿Cómo las felicita?

160.	¿Con qué tipo de personas no trabajaría nunca? ¿Por qué?

161.	¿Alguna vez ha actuado como mediador en algún conflicto? Explíquemelo.

162.	¿Suele hacer propuestas a sus superiores respecto a mejoras que se podrían implantar? ¿Alguna vez han seguido sus consejos? Ponga algún ejemplo.

163.	¿Le gusta viajar

164.	¿Qué países ha visitado? ¿Qué ha aprendido de sus experiencias?

165.	¿Qué tipo de decisiones debía adoptar a diario en la empresa X?

166.	¿Qué decisiones le cuesta más adoptar? ¿Por qué?

167.	Si tiene problemas personales ¿Cómo los manifiesta en el trabajo?

168.	¿Cómo compagina su vida privada con la vida laboral?

169.	¿Qué se llevaría a una isla desierta y por qué?

Preguntas extrañas:

Algunas compañías exitosas como Amazon o Google entre otras muchas, utilizan en sus entrevistas lo que denominan preguntas extrañas. El principal objetivo es evaluar la creatividad, espontaneidad y frescura en las respuestas y sacar al candidato de su zona de confort. No diga "no lo sé". Piense y conteste. Es mejor una respuesta mediocre que cero respuestas. Tómeselo como una broma. Como si esta pregunta se la hubieran formulado sus amigos durante una cena.

Antes que quedarse callado es mejor que haga preguntas para clarificar el tema. Demuestra de esta manera que para llegar a una conclusión necesita datos.

Por tanto, intente proporcionar una respuesta donde queden claros los pasos que ha seguido en su razonamiento. Lo que buscan no es la respuesta exacta sino conocer cómo ha llegado a esa conclusión y la originalidad. Por ejemplo:

> - ¿Cuál es su mayor debilidad?
> - El chocolate

Algunas preguntas extrañas (o estúpidas según se mire).

170. Si pudiera cantar una canción en American Idol ¿Cuál elegiría?

171. ¿Se considera más cazador o recolector?

172. ¿Cuántas vacas hay en Canadá?

173. Si tuviera 80 años ¿Qué consejos le daría a los niños?

174. Si hicieran una película sobre su vida ¿Quién podría ser el actor que le representara?

175. ¿Qué animal le gustaría ser? ¿Por qué?

176. ¿Cómo metería un toro en una nevera?

177. ¿Cómo podría encontrar una aguja en un pajar?

178. ¿Cómo le explicaría a su abuela qué es Facebook?

179. ¿Por qué la tierra es redonda?

180. ¿Cree de verdad que el hombre ha pisado la luna? Yo no lo creo. ¿Podría convencerme?

181. ¿Cree que existe el monstruo del lago Ness?

182. Por favor, deletree "estafilococo".

183. ¿Qué es lo primero que haría si se enterara que estamos ante un apocalipsis zombi?

184. ¿Qué pregunta le hubiera gustado que le hiciera?

185. Escoja dos famosos que le hubiera gustado que fueran sus padres.

186. ¿Podría contarme una breve historia de miedo?

187. ¿Cuál ha sido su último disfraz?

188. Si tuviera que escoger una canción que fuera su banda sonora ¿Cuál elegiría?

189.   ¿Qué le gustaría más, volar o ser invisible? ¿Por qué?

190.   ¿Podría venderme este lápiz?

191.   Intente desglosar el coste de este bolígrafo

192.   Dígame todos los usos posibles de un limón.

193.   Si tuviera la oportunidad ¿A qué personaje histórico le gustaría entrevistar? ¿Por qué?

194.   Si pudiera viajar en el tiempo ¿A qué época le gustaría ir? ¿Por qué?

195.   Cuando era niño/a ¿Cuál era su juguete favorito?

196.   ¿Cuál ha sido el último regalo que ha hecho?

197.   ¿Cuál ha sido la cosa más graciosa que le ha sucedido?

198.   ¿Podría contarme un cuento infantil?

199.   ¿Se atrevería a cantar ahora?

200.   Si fuera el/la presidente/a de EEUU ¿Cuál sería la primera decisión que adoptaría?

Conclusión:

Prepare una buena conclusión para finalizar la entrevista. En esos minutos finales puede aprovechar para formular preguntas concretas sobre su futuro puesto de trabajo. También podemos preguntar cuáles serán los siguientes pasos en el proceso de selección.

Al despedirnos, ofreceremos nuestra mano mirando a nuestro interlocutor y agradeciendo la posibilidad de haber realizado la entrevista y confiando en haberlo hecho bien.

Anote aquí un posible guión para su conclusión:

Una vez concluida la entrevista, anote sus experiencias personales con el fin de mejorar para la siguiente entrevista. Analice su actitud, las respuestas que ha proporcionado y las preguntas que le han sorprendido y más le ha costado responder.

Haga una lista de cosas que puede mejorar para la siguiente entrevista.

También es recomendable ensayar las entrevistas con algún familiar o amigo. Puede aprovechar el listado de preguntas de esta guía para que alguien ejerza el rol de seleccionador/a y usted el de candidato/a. Nadie iría a una representación teatral como actor sin haber ensayado antes. De esta manera, es difícil que alguna pregunta le coja desprevenido. Es más, es poco probable que le hagan la mayoría de estas preguntas. Por esa razón, si sigue este manual podrá estar más preparado incluso que el entrevistador. Aunque depende del tipo de entrevistadores.

Recuerde:

> En un proceso de selección no se escoge al mejor. Eso es prácticamente imposible. Se escoge al candidato que se adapta más al perfil que busca la empresa tanto desde el punto de vista personal como profesional.
> Si no le escogen a usted no es porque usted sea inferior al candidato seleccionado.

Tipos de entrevistadores/as

No siempre tendremos la posibilidad de que nos entreviste un/a entrevistador/a profesional. En la mayoría de las ocasiones nos entrevistarán directamente en la empresa que quiere cubrir la vacante. Es posible que no hayan realizado antes ninguna entrevista de selección por lo que pueden saber muy poco sobre el proceso. Veamos algunas características de los diferentes tipos de entrevistadores/as:

Empresa de selección: Las personas que le entrevistarán suelen ser psicólogos/as. Se centran preferentemente en aspectos relacionados con la personalidad del candidato y no suelen ser expertos en el oficio que pretenden seleccionar. No obstante, están muy habituados a realizar entrevistas de selección y en leer la comunicación no verbal y los gestos del candidato.

Se centran en averiguar si su perfil coincide con el perfil que desea contratar su cliente según la información proporcionada, el clima laboral o los compañeros de trabajo que tendría.

Valoran mucho sus reacciones, emociones, motivaciones, capacidad de reacción, improvisación, creatividad, trabajo en equipo, comunicación, etc..

Después de una entrevista con el/la psicólogo se suele hacer una entrevista con un técnico o especialista de la empresa que pueda evaluar si usted dispone de los conocimientos técnicos suficientes.

Recursos humanos de la propia empresa: Pueden ser o no psicólogos. Como trabajan en la propia empresa conocen muy bien su cultura, clima, departamentos, funciones, tareas, organigrama y pueden predecir, en base a la información que proporcione, si podría encajar en esa empresa. Suelen ser entrevistas muy completas.

Se centran mucho en experiencias pasadas y en averiguar si su perfil coincidiría con el de la empresa. Pueden hacer preguntas muy concretas basadas en la problemática concreta de la empresa. Pueden participar personal de recursos humanos y algún responsable del departamento que desea incorporar al nuevo candidato.

Entrevista con un/a técnico/a. Si buscamos una experta en contabilidad, tarde o temprano tendremos que contrastar los conocimientos del candidato con los de un experto. Un/a psicólogo/a no tiene por qué saber cómo funciona el Plan General Contable y difícilmente podrá evaluar sus conocimientos en una entrevista a no ser que le haga un examen o prueba práctica.

Por ese motivo, es posible que en alguna fase del proceso de selección el candidato se "enfrente" con un especialista. A veces suele ser el propio jefe del departamento o su superior.

Conviene no intentar rivalizar ni competir, solo demostrar que efectivamente usted domina y conoce su profesión. Estos no suelen ser expertos en entrevistas.

En función de quien le haga la entrevista, deberá adecuar más o menos sus respuestas. Con unos tendremos mayor cuidado de nuestra comunicación verbal y no verbal, apariencia, personalidad y con otros seremos más precisos y exactos en nuestras respuestas técnicas.

Anexos

En los siguientes anexos se ofrecen algunas herramientas que pueden ayudarle a mejorar sus entrevistas de trabajo.

AUTOESTIMA

La autoestima es la percepción y valoración que hacemos de nosotros mismos, en base a nuestras creencias, pensamientos o percepciones. Esta autoestima puede ser positiva o negativa.

Un candidato con baja autoestima se ve rápidamente durante la entrevista. Igual que un candidato con una alta autoestima.

Si usted no se ve bien a sí mismo o no se valora ¿Cómo espera que lo haga la empresa que podría contratarle?

Qué siente, qué piensa, qué hace. (Pensamientos, emociones y conductas)

Existe un modelo, denominado ABC que explica que después de un acontecimiento (A), se desarrollan una serie de creencias (B) a partir de las cuales desarrollamos pensamientos, acciones y emociones (C).

Por ejemplo, algunas ideas absolutistas que son erróneas es pensar que somos infalibles o que tenemos que ser perfectos; "tengo que tener éxito", "todos deben quererme/amarme..". Todos podemos equivocarnos y no tenemos por qué ser perfectos. Lo que opinen de nosotros no puede cambiarnos. De la misma forma, podemos pensar que quienes nos hacen daño son malos y que por ello debemos castigarlos.

No puede tener una vida positiva y una mente negativa

Baja autoestima:

Se trata de una distorsión del pensamiento o una manera poco efectiva de pensar. Según el conocido Doctor Beck (1979), las personas con baja autoestima mantienen un diálogo interno en el que predominan errores de pensamiento del tipo:

- **Sobregeneralizaciones:** A partir de un dato aislado se elabora y establece una regla general. Si una vez me salió mal una entrevista esta también me saldrá mal.

- **Filtro mental:** Se trata de filtrar las experiencias previas y solo atender los detalles de una situación en concreto. Por ejemplo, después de la entrevista solo fijarse en los errores y no en las cosas que hemos hecho bien.

- **Descalificar lo positivo:** Se rechazan las experiencias positivas y solo se centran en las negativas. De esta manera se pueden tener creencias negativas aunque hayan existido experiencias positivas.

- **Designación global:** Se utilizan términos negativos para describirse a uno mismo en lugar de centrarse en el error en concreto. ¡Qué tonto soy!

- **Todo o nada.** Se llevan las ideas hasta los extremos. No hay términos intermedios. Estás conmigo o contra mí, es perfecto o no sirve, etc..

- **Autoacusación.** Se siente culpable de todo lo que le sucede.

- **Conclusiones precipitadas.** Sin disponer de información o datos suficientes se extraen conclusiones precipitadas sobre las intenciones de los demás.

- **Personalización.** Todo está relacionado con nosotros y siempre nos comparamos de forma negativa con los demás.

- **Lectura de pensamiento:** Supone que no le interesa a los demás y que piensan mal de uno. Son suposiciones sin base alguna.

Todas estas distorsiones en la forma de pensar hacen que la persona llegue a interpretaciones erróneas sobre los demás y principalmente sobre sí mismo. Una forma de mejorar su autoestima es precisamente conocer que se trata de distorsiones y de que su conducta está condicionada por su forma de pensar. Si modifica su forma de pensar también cambiará su conducta.

Ahora podría intentar reformular cada uno de los errores de pensamiento mencionados en la lista anterior. Por ejemplo:

Idea irracional	Reformulación
Sobregeneralizaciones	El hecho de que en una ocasión haya salido mal, no significa que siempre vaya a salir mal
Filtro mental	Debo fijarme en todo lo que he hecho bien y en mis aciertos y no solo en los errores.
Descalificar lo positivo	
Designación global	
Todo o nada	
Autoacusación	
Conclusiones precipitadas	
Personalización	
Lectura de pensamiento	

Sugerencias:

- Como hemos visto en la tabla anterior, no se centre en lo negativo.
- Aplique un filtro mental pero donde solo tenga cabida lo positivo
- Valórese. Usted es una persona única en el mundo.
- Piense en un proyecto que le entusiasme y trabaje para lograrlo.
- No se precipite en sus pensamientos sobre los demás.
- No se compare con nadie.
- No generalice
- Acéptese como es o trabaje para mejorarlo.
- Confíe en usted
- No haga caso de su voz interior negativa
- Los errores son oportunidades para aprender
- No juzgue ni culpe a los demás de lo que le sucede.
- Los pensamientos que le sientan bien le ayudan a evolucionar. Los pensamientos negativos que le sientan mal le destruyen.
- Aprenda a reconocer cuando tiene pensamientos negativos y a SILENCIAR su mente.
- Crea en usted y en sus posibilidades.
- Haga cosas que realmente le gusten.
- Evite el perfeccionismo.

- No caiga en trampas mentales ni rutinas. Deje de pensar siempre en lo mismo.
- Recuerde todas las cosas importantes que ha hecho en su vida.
- Acepte que puede estar equivocado en su manera de pensar.

Intente elaborar un listado con todo lo mejor sobre usted.

¿Qué es lo mejor de mí?
- .
- .
- .
- .
- .
- .
- .

La autoestima está relacionada con la forma en que nos sentimos valorados, aceptados o amados por los demás y por tanto, cómo nos valoramos, aceptamos o amamos a nosotros mismos.

Si no eres bueno amándote a ti mismo, tendrás dificultades al amar a alguien, debido a que resentirás el tiempo y energía que das a otra persona que ni siquiera te das a ti mismo. (Dr. Barbara De Angelis.)

Las personas con un buen nivel de autoestima se encuentran bien consigo mismas, se aceptan y se valoran de manera adecuada. Son capaces de asimilar sus fracasos y de apreciar sus logros y aciertos.

TIMIDEZ

El éxito va a aquellos que se atreven y actúan, rara vez va al tímido. (Jawaharalal Nehru. Político Indio).

Algunos candidatos pueden ser excelentes profesionales pero debido a su timidez no realizan una entrevista a la altura de sus posibilidades.

Una persona tímida tendrá más dificultades para mantener el autocontrol o para expresarse verbalmente por lo que no proporcionará toda la información necesaria. Además, dará una impresión de falta de confianza y de inseguridad que derivará incluso en dudar sobre sus capacidades profesionales.

No es lo mismo la timidez que la introversión. Las personas tímidas tienen un miedo irracional a ser juzgadas o rechazadas por los demás y eso les suele provocar ansiedad. Por el contrario, las personas introvertidas simplemente prefieren actividades en solitario pero no temen los encuentros sociales.

Es complicado hacer que una persona que siempre ha sido tímida cambie radicalmente. Pero sí podemos ofrecerle algunas estrategias para que ese aspecto de su personalidad no le afecte durante la entrevista de trabajo:

- Pierda el miedo a equivocarse.
- Es bueno exponerse a situaciones que no controlamos, de forma progresiva.

El fracaso es éxito si aprendemos de él. (Malcolm Forbes)

- Piense en la parte positiva de la situación en lugar de la parte negativa.
- Céntrese en todo lo que podría ir bien y en cómo se sentirá cuando acabe.
- Si está muy nervioso, dígalo. A veces ayuda a relajar la situación. Es mejor reconocer que es tímido que intentar ocultarlo.
- Practique las entrevistas, poco a poco, con personas conocidas. Le proporcionará un cierto nivel de autoconfianza.
- De alguna forma, casi todas las personas son tímidas en algunos aspectos de su vida.
- No sea tan crítico consigo mismo.

Cuando pierdas, no pierdas la lección. (Dalai Lama)

- La timidez está en parte relacionada con la autoestima.

Timidez situacional: Se trata de un tipo de timidez que se da en situaciones concretas. Por ejemplo una entrevista de trabajo o hablar en público. La ventaja es que una vez identificado el desencadenante se puede trabajar sobre aquello que le provoca timidez. Por ejemplo, ensayar la entrevista o hablar en público delante de algún familiar o amigo ayudan a exponerse de manera progresiva.

La adrenalina tiene la culpa....o todo lo contrario

Cuando estamos nerviosos, sentimos una cierta tensión o un "nudo en el estómago". ¿Sabe que lo mismo le sucede a cualquier artista cuando sube a un escenario o incluso al mejor conferenciante? La diferencia radica en que a unos, el miedo les paraliza y a otros les impulsa y les motiva.

LA EDAD

La edad es un tema de la mente sobre la materia. Si no te importa, no importa. (Mark Twain)

Muchas personas manifiestan un cierto temor y preocupación cuando superan una determinada barrera de edad. Algunos a los 40, otros a los 50.
Este temor acaba manifestándose en su conducta, en su actitud y en su predisposición. Incluso acuden a la entrevista con una actitud derrotista.

Sin duda, este grupo de edad suele tener más dificultades en encontrar empleo pero generalizar nos ayudará poco en nuestro objetivo. En el apartado de la Autoestima ya hemos comentado los peligros de la Generalización.

Por otra parte, a diario se contratan personas en todo el mundo en esas edades. ¿Por qué no iba a ser usted una de esas personas?

La edad es algo que no importa, a menos que seas un queso. (Luis Buñuel)

Durante la entrevista debe dejar clara su amplia experiencia pero también su capacidad para adaptarse a situaciones nuevas. A algunos seleccionadores no les preocupa su edad. Lo que les preocupa es que se hayan habituado a formas de trabajar muy alejadas de las que ellos utilizan.

Aunque preguntar la edad del candidato en una entrevista pueda llegar a ser ilegal o poco ético, a veces se puede deducir fácilmente, por ejemplo, por la fecha de finalización de sus estudios, fecha de su primer empleo o incluso, por su aspecto físico.

Aumente su grado de seguridad. Identifique sus fortalezas, los éxitos obtenidos y las experiencias que puede aportar a la empresa. Muéstrese confiado y optimista durante la entrevista pero sobre todo, créaselo. Aún tiene mucho que aportar y que aprender. No se rinda. Ofrezca la mejor versión de sí mismo.

Prepare argumentos para convencer a su interlocutor que es usted una persona preparada, con experiencia, enfatice sus éxitos, su capacidad de trabajo y facilidad de adaptación.

Abraham Lincoln llegó a la presidencia de los EEUU, cuando pasaba los 50 años.

Una de sus frases dice:

Hagas lo que hagas, hazlo bien

Toda su vida estuvo plagada de fracasos, muertes de familiares, decepciones. Sin embargo su tenacidad y constancia determinaron su victoria.

Usted es algo más que una cifra o una edad.

- John Pemberton, de Coca-Cola, creó su empresa con 55 años.
- Harland Sanders David, de KFC, a los 65 años.
- Ray Kroc, de McDonald a los 52.
- Henry Ford creó su primer modelo de coche a los 45 años.
- Charles Darwin escribió su famoso libro "El origen de las especies" a los 50 años.

¿Está seguro que a su edad no tiene nada que aportar?

El éxito tiene una simple fórmula: da lo mejor de ti y puede que a la gente le guste (Sam Ewing. Jugador de Béisbol)

Si tiene más de 40 años, anote en esta tabla qué ventajas puede suponer contratarle. No espere que por ciencia infusa el entrevistador lo sepa. Es usted quien debe aportar valor añadido.

¿Qué ventajas tendrá su empresa si me contrata?

Nunca, nunca, nunca te rindas. (Winston Churchill)

TÉCNICAS DE VENTA

Una entrevista de trabajo es una venta. O usted les convence de que es el candidato idóneo o ellos le convencen que tienen a otro candidato mejor.

Lo quiera o no, es un proceso de venta en el que una parte debe intentar convencer a la otra parte. Algunos candidatos acuden a la entrevista solo pensando en responder a las preguntas que les hacen como si se tratara de un interrogatorio. Usted debe ir a la entrevista con la intención de venderse a sí mismo.

Una de las primeras cosas que se le enseñan a alguien que está aprendiendo técnicas de venta es disponer de un **ARGUMENTARIO**.

Si un vendedor de coches quiere vender coches, tendrá que tener preparado un argumentario o razones de compra para no tener que improvisar. Además del argumentario prepararía una relación de posibles **OBJECIONES** o motivos por los cuales los clientes no quieren comprar.

Las objeciones son excusas para no comprar. Algunas son verdaderas pero otras son completamente falsas. El cliente las dice simplemente para anular nuestros argumentos. Pues bien, si ha leído con atención este manual, habrá observado que en este punto del libro ya casi debería tener un argumentario para que le contraten (puntos favorables y fuertes...) y también conocerá ya las razones o argumentos por los que algunas empresas no querrán contratarle (puntos débiles).

En consecuencia, para cada **OBJECIÓN**, usted debería de tener preparado un **ARGUMENTO**.

El propósito de este breve capítulo, es proporcionarle algunas técnicas de venta que usted podría utilizar en una entrevista de trabajo.

Una técnica de venta que se utiliza desde hace tiempo es la conocido como AIDDA.

Es una técnica sencilla que utilizan vendedores de todo el mundo para vender tanto productos como servicios.

A: Atención

I: Interés

D: Demostración

D: Deseo

A: Acción

Como vemos, todo vendedor para poder empezar a vender debe empezar por atraer la atención de su interlocutor.

Sin atención no hay retención

Se trata de llamar la atención de forma positiva, no negativa. Si usted llega a la entrevista con una vestimenta poco adecuada para el puesto de trabajo es posible que llame la atención pero no de manera favorable para usted.

Una sonrisa abre cualquier puerta

Si hemos logrado atraer la atención de nuestro interlocutor podremos despertar su interés en seguir escuchándonos o evaluándonos.

Durante la fase de demostración intentaremos aportar datos y pruebas de todo lo que decimos (certificados, acreditaciones,..). De esta manera conseguimos credibilidad.

La siguiente etapa natural es el deseo de contar con usted. Si ha sido capaz de llamar la atención, provocar su interés, demostrar todo lo que dice y provocar el deseo la última etapa es la acción o la decisión final favorable.

No me hable de usted. Hábleme de mis necesidades

Muchos vendedores se empeñan en hablar continuamente de su producto. Se dice que el cliente no quiere una broca para hacer agujeros. Lo que quiere en realidad en un agujero en la pared.

Lo mismo sucede con el candidato que solo habla de sí mismo. Lo que el cliente quiere saber es QUÉ podemos hacer por su empresa. En qué se beneficia si nos contrata y qué gana con ello. No le interesa tanto usted sino lo que usted puede hacer.

Usted tiene que hablar de los beneficios y de las ventajas y no solo centrarse en sus características (estudios, experiencia..).

El cliente entiende mejor el lenguaje de las ventajas.

Por ejemplo, un coche diésel (característica), consume menos (ventaja) y permite un ahorro de X euros al año (Beneficio).

Puede cumplimentar esta tabla con algunas de sus características, ventajas y beneficios para la empresa.

Característica	Ventaja (para la empresa)	Beneficio (para la empresa)

> **Para poder hablar el lenguaje del cliente, es bueno escuchar con atención lo que dice**

Muchos vendedores suelen fracasar debido a que no hacen correctamente el cierre de ventas.

Si hemos explicado nuestras ventajas y beneficios, que tenemos ganas de trabajar e ilusión solo nos queda cerrar.

Es la fase final de la entrevista y puede coincidir con la pregunta que suelen hacernos ¿Tiene usted algo que añadir?

Esta frase, para el candidato, es una bendición. Es la mejor pregunta que pueden hacernos.

¡¡Pues claro que tengo algo que añadir!!

Habitualmente, cuando hacemos esta pregunta al final de la entrevista la mayoría de candidatos suele decir que no tienen nada que añadir. ¿Se imagina hacerle esta pregunta a un vendedor?

Es el momento del cierre. Es la oportunidad para manifestar su interés por el trabajo, su formación, experiencia y que espera haber aclarado cualquier cuestión que le hayan planteado. También es el momento para preguntar sobre sus expectativas o qué posibilidades tenemos.

Lo que estará demostrando con esta actitud es su interés.

> No es lo mismo que le compren que venderse. Venderse es un proceso ACTIVO en el que usted, de forma intencionada ofrece las ventajas y beneficios de contratarle.

Bibliografía

Beck, A. T., Rush, A. J., Shaw, B. F. & Emery, G. (1979). *Cognitive therapy of depression.* New York: Guilford Press.

De Haro, J. M. y Agut, S. . (2004). *Fundamentos de psicología para profesionales de los recursos humanos.* Madrid: Thomson-Civitas.

Gracia, F. J., Martín, P., Rodríguez, I., & Peiró, J. M. . (2001). Cambios en los componentes del significado del trabajo durante los primeros años de empleo: Un análisis longitudinal. *Anales de psicología, 17(2),* 201-217.

Group, H. (2006). *Factbook recursos humanos.* Cizur Menor (Navarra): Aranzadi.

Peiró, J. M. (1992). *Psicología de las Organizaciones.* Madrid: UNED.

www.ingramcontent.com/pod-product-compliance
Lightning Source LLC
Chambersburg PA
CBHW060400190526
45169CB00002B/680